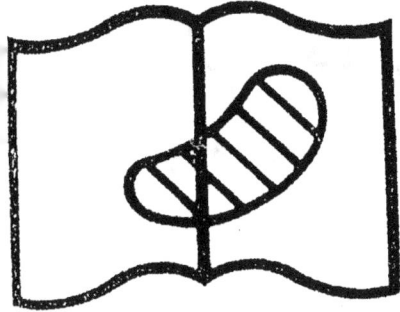

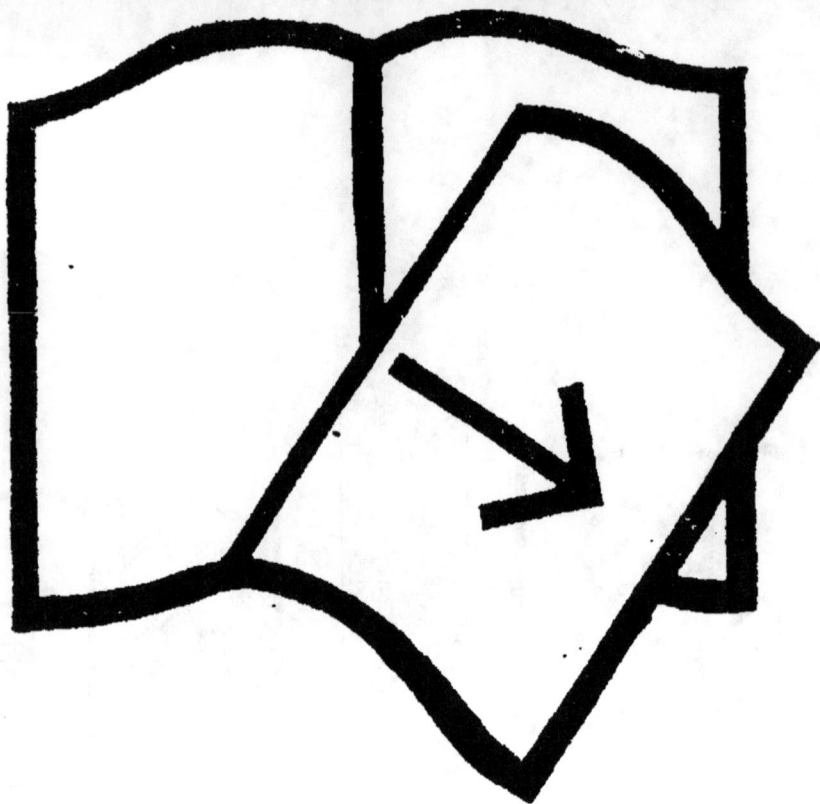

Couverture inférieure manquante

V.-E. VEUCLIN

NOUVELLES GLANES HISTORIQUES

SUR

L'INSTRUCTION PUBLIQUE

avant et pendant la Révolution

BERNAY

IMPRIMERIE E. VEUCLIN

1888

DU MÊME AUTEUR :

Histoire de la Ville de Bernay et du Canton (*avec la collaboration de A. Bazin*); 1873. 1re partie, 72 p. (*Le manuscrit, ayant plus de 1,000 pages, n'a pas été couronné par la Société libre de l'Euré, section de Bernay*).

Le Fort Français de Chambly (Canada); 1874.

Notice sur le Fort St-Louis de Chambly; id.

Estampages de 4 Pierres tombales, gravées au trait, des 14e, 15e et 16e siècles; 1875.

Calque de 2 Vitraux du 15e siècle (Couture).

Saint Vincent de Paul à Bernay, en 1650.

Histoire d'un petit coin du Pays d'Ouche : Le Pont-Echenfrei, etc.; 1877, 139 p.

Les Confréries des Captifs à Bernay, etc.

Les Vitraux de Saint-Martin de Laigle.

Le Musée municipal de Bernay; 1878, 18 p.

Vitraux anciens de l'église paroissiale d'Orbec

Fin de l'Abbaye royale du Bec-Hellouin.

Armoiries de la Ville de Bernay; 1881, 16 p.

Les 8 Canons du château de Broglie; id., 30 p.

Description sommaire de l'Eglise de Rostes.

L'Imprimerie à Bernay, depuis son établissement jusqu'en 1883; id., 40 p.

Le Cléricalisme n'est pas l'ennemi de la Liberté, du Progrès et de la Civilisation; 1884.

Petit Bouquet de Fleurs historiques sur la Maison de Broglie; id., 30 p.

La Ruine de l'Abbaye de Saint-Evroult.

Le Théâtre à Bernay, au XVIIIe siècle; 1885.

Cahiers du Tiers Etat de la Ville de Bernay.

Les Petites Ecoles et la Révolution [1789-1799] dans les districts de Bernay et de Louviers; 1885 126 p — (*Congrès de la Sorbonne, 1885*).

Saint Taurin et sa Coudre à Saint-Aubin-de-Gisai; 37 pages.

L'Eglise de Sainte-Croix de Bernay; 36 p.

L'ancien Collège de Bernay; 1886. 50 pages.

Un Episode de la Chouannerie, en l'an VII.

Notes historiques sur l'Instruction publique, avant la Révolution, dans la Ville de Bernay et les Environs; 30 p.

Guerres de la Révolution et les Bernayens.

Notes inédites sur Languet de Gergy, abbé.

Notes historiques sur l'Instruction publique, avant la Révolution, dans la Ville de Louviers et les Environs. (*Industriel de Louviers*).

La Confrérie de Charité et de la Rédemption des Captifs de St-Aubin-le-Guichard ; id., 37 p. (*Extrait d'un Mémoire lu au Congrès de la Sorbonne*)

Les Saints Patrons de la Ville de Bernay.

Le Journal d'un Paysan (1799-1823).

Les Hôtelleries et Cabarets de Bernay.

Description des Armes de Bernay, en 1730.

Les Trois Couleurs Nationales dans la Ville de Bernay pendant la Révolution ; 1887, 24 p.

Les Falots des Rois, Feux de joie et le Carnaval dans la Ville de Bernay, au XVIII° siècle.

La Marine militaire Française sous le Consulat et l'Empire. — Aventures d'un jeune Marin-Dessinateur... (1801-1813) ; 81 p.

L'Eglise et l'Etat, au XVIII° siècle ; 30 p.

Récits villageois en Patois normand ; 32 p.

La Police du Commerce et de l'Industrie.

Chansons villageoises recueillies au 18° siècle.

La Police des Rues, à Bernay, au XVIII° siècle

Statuts des Tolliers de Bernay. (*Congrès de 1887*)

La Muse au Village, au XVIII° siècle.

Petits Documents pour une grande Histoire de France (1701-1750) ; 30 pages.

La St-André des Menuisiers de Bernay, en 1757.

Tapisseries et Jubé de Sainte-Croix de Bernay.

Fontes de Cloches de villages, aux 17° et 18° s.

Les Fêtes patronales des Drapiers de Bernay.

Prise de possession de l'Abbaye de Bernay, 1649

Nouveaux documents sur l'Instruction publique.

Sous presse :

La Chapelle de l'ancien Cimetière de Ste-Croix.

Coutumes éteintes. Sonnerie des Agonisants.

Réédification de l'Abbaye de Bernay, en 1686.

En préparation :

Les Châtelains de Courbépine et leurs Ecoles.

Imagiers normands ignorés ou peu connus.

Les Boulangers de Bernay et leur Confrérie.

Un Falaisien racheté en 1786 par les Trinitaires.

Les Bénédictins et les Canons de Bernay.

La Musique à Bernay, dans les 3 derniers siècls.

Bibliothèques de Châteaux et Presbytères, 17° s.

V.-E. VEUCLIN

NOUVELLES GLANES HISTORIQUES

SUR

L'INSTRUCTION PUBLIQUE

avant et pendant la Révolution

BERNAY

IMPRIMERIE E. VEUCLIN

1888

REDEVANCES SCOLAIRES
AU XVIIe SIÈCLE

La paroisse de Notre-Dame-du-Hamel avait pour vicaire, en 1626, messire Jean Thiboult.

Ce prêtre, sur lequel les renseignements biographiques nous font défaut (1) devait être un éducateur de renom, car on verra plus loin que l'un des plus éminents châtelains du pays lui confia ses enfants pour les instruire.

L'abbé Thiboult a consigné sur le registre paroissial des détails très circonstanciés et fort intéressants sur les engagements et les redevances qu'il exigeait des familles qui faisaient appel à ses aptitudes scolaires.

Voici textuellement ses curieuses notes, malheureusement incomplètes :

---

(1) Le 3 décembre 1628, Me Jean Thiboult aumôna au trésor de l'église de N.-D. du-Hamel 30 sols de rente, à charge de 3 messes hautes.

En 1631 fut érigée en la dite paroisse une Confrérie du Rosaire. Nous pensons que l'abbé Thiboult ne fut pas étranger à cette fondation, car il avait alors la direction presque absolue de la paroisse, à cause des infirmités du curé Mre Jean Masse, lequel mourut peu après (16 juin 1632).

« Le dixiesme jour de septembre mil six cent vingt neuf Monsieur de Lompré m'a envoyé son petit fils Claude par son fils aîné pour estre instruit et gouverné comme domestique.

« Pour la pension duquel j'ay premièrement receu une rame de papier composée de vingt cinq mains.

« Depuis le dymanche dernier d'octobre j'ay receu six boisseaux de bled meteil assez noir.

« Depuis vers le jour karesme prenant pris par moy à Rouen sur lad/ pension la soe de quarante cinq livres ».

« Le dixiesme jour d'octobre mil six cent vingt neuf, Monsr de Révile (1) m'envoya son fils pour estre mon escolier et pensionnaire domestique, par Ramond tailleur de St Martin de Cernières et par son fils plus aîné, et m'a promis le dit s^r de Révile un jeudy précédent estant à souper chez luy à son logis de St Jean et accordé présence de la mère dud/ escolier et dud/ Ramond et le reste de sa famille, la somme de vingt cinq escus par an, avec un chapeau honneste et bien estofé, avec plusieurs ordinaires comoditez comme beurre, chapons, pouletz, chandelle et plusieurs autres présens honnestes selon les saisons ».

. (1) N... Pompone du Buat, esc^r, seigneur de Réville, dont le fils Jean épousa Marie-Ursule Erard Le Gris.

(*En marge*) : « Receu la so⁰ de xviii l.

« Sur laquelle promesse d'accord le jour prochainement venant de la Conception de la Vierge immaculée m'a esté bailé par le fils aisné dud/ sʳ de Révile la somme de dix huit livres en monnoye toute estrange, sçavoir est quatre patergons (?) deux d'une façon et deux de l'autre, trois piéces de vingt quatre solz......, une piéce de trente solz, une de vingt six, une de douze solz..... De plus receu en ... fois trente six livres. »

« Le dix huit⁰ jour de novembre mil six cent trente deux Mʳ de Révile m'ayant fait venir en son manoir de Sᵗ Jean m'a requis de reprendre son fils à instruire... comme pensionnaire aux conditions qu'il ensuit : douze boisseaulx de bled de son meileur mesure de Montreuil et tous combles, un ponsson de son meileur poiray, neuf escuz d'argent et vingt sept livres, un chapeau au jour de Pasques proche venant de cent [sols] ou six francs au moins et plusieurs autres gratifications... et à la charge que sil faut...... je le veux garder il me doibt augmenter de six escuz et tant tenu tant payer. »

(*Un autre feuillet donne cette note identique à la précédente*) :

« Le dix huitiesme jour de novembre mil six cent trente deux, Monsieur de Ré-

vile et de S¹ Jean m'envoya Pierre son fils
en qualité d'escolier domestique, par son
vicaire, avec les conditions cy après men-
tionnées entre moud/ S¹ Jean accordées
présence de M¹ du Cantel son neveu demeurant avec luy aud/ lieu de S¹ Jean, et
de Raulin le Comte son secrétaire domestique, savoir est ledit s¹ de Réville de S¹
Jean m'a promis et accordé pour nourrir
et instruire sond/ fils la somme de vingt
sept livres, une douzaine de boisseaux de
son meilleur bled mesure de Montreuil
tous combles, un ponçon de son meileur
poiray, un chapeau de cent solz ou six
francs et autres gratifications à sa volonté, et faut... tenu payer si je veux continuer la segonde année à l'instruction de
sond/ fils il m'a promis m'augmenter d'à
peu près de la somme de six escus. Ce
que j'ai signé comme vray. »

« THIBOULT. »

« Sur quoy j'ay receu en trois fois six
boisseaux de bled, un ponçon dud/ meileur poiray, la somme de soixante et dix
sols pour ledit chapeau, plus un ponçon
de petit poiray et une piéce de six livres
dix sols apportés par ledict lors compte (?)
le premier jour et premier dymanche de
may mil six cent trente trois. — De plus
deux boisseaux de bled et pour vingt
neuf livres cinq sols d'estofe. »

‹ 1633. — Le 2 vendredi de karesme la Fontaine Pymor me donna son fils Jean Pymor comme pensionnaire et m'a promis me donner six livres d'argent par chaque mois pour tout, présents Nicolas Morel greffier, Pierre de Réville et François Du Roy fils Nicolas. ›

Nous regrettons vivement de n'avoir pu retrouver les autres notes de l'abbé Thiboult, lequel faisait peut-être partie des ‹ *boursiers théologiens du Collège de Lisieux* ›, dont Mre Jean Levavasseur était grand-maître, en 1629 (1).

E. VEUCLIN.

---

(1) Le registre paroissial de la Goulafrière contient les procès-verbaux des assemblées tenues en la chapelle du Collège de Lisieux, par les boursiers théologiens, en 1629-1630.

LA
Communauté des Paroisses
ET LES PETITES ÉCOLES

Saint-Léger-du-Besdel.
(320 habitants).

Le 1er novembre 1700, les trésoriers et habitants s'assemblent en état de commun..., pour délibérer..., sur ce que Me Martin Collet représente que son année était expirée dudit jour et qu'il désirait encore rester dans cette paroisse pour y faire les fonctions de vicaire, y enseigner les enfants, tenir tous les jours les petites écoles et acquitter les messes de fondation de la dite paroisse. — Après délibération et le consentement du curé, la communauté accorde audit Collet, pour y faire les fonctions ci-dessus spécifiées, la somme de seize pistoles (1) qui lui avait déjà été accordée, le 11 octobre 1699, pour acquitter les fondations de la paroisse.

Le 16 novembre 1732, assemblée de la communauté, pour faire la condition d'un clerc. — Se présente Pierre Deglos pour remplir les fonctions de clerc, savoir: chanter à l'église, tenir les petites éco-

---

(1) Cette délibération est barrée et non signée.

les. — La communauté arrête qu'il serait payé audit clerc, par les mains du trésorier et des deniers provenant du trésor, la somme de quinze livres de six mois en six mois ; en outre, les habitants s'obligent à payer audit clerc dix sols par feu..., et lui accordent aussi la sonnerie sans que ladite sonnerie le puisse empêcher d'exiger son « écolage ». — Les 10 sols par feu seront ramassés par le trésorier en charge. — Ledit Deglos commencera son année le 1er de juin.

ROSTES.

(245 habitants).

Le 3 août 1749, assemblée des paroissiens en état de commun..., pour récompenser le sr Julien Mauduit, vicaire de la paroisse, pour l'instruction qu'il veut bien donner aux enfants de ladite paroisse en leur apprenant à lire et à écrire et même leur enseigner l'arithmétique ; sur quoi délibérant, les dits habitants arrêtent, d'une commune voix, que ledit sieur Mauduit jouira à son singulier profit de la cour appelée S. Pierre, appartenant à la fabrique, pour se bénéficier tant des herbes et fruits de ladite cour que de ceux qui proviendront tant du cimetière qu'aux environs, y compris ceux qui sont sur le terrain qui règne entre le cimetière et le manoir presbytéral, ainsi que ceux qui sont derrière l'église et autant qu'il appartient au trésor de ladite paroisse; en outre, ils autorisent le trésorier actuel ainsi que ceux qui seront élus par la suite trésoriers, de payer annuellement audit s^r vicaire la somme de vingt livres en outre les honoraires que lui a accordés ledit s^r curé, à commencer du mois de janvier prochain.

Le 9 décembre de ladite année, une requête est adressée à l'évêque de Lisieux par l'abbé Mauduit, tendante à approuver la délibération du 3 août précédent. Ce prêtre remontre que la paroisse n'était point obligée d'avoir un vicaire, cependant, pour faciliter l'instruction des enfants de la paroisse, Mre Pierre Foucque Dorville, curé, lui a cédé les honoraires de ladite paroisse, montant à seize pistoles. — L'évêque approuve.

Les Jonquerets-en-Ouche.
(475 habitants).

Le 13 juillet 1733, le curé et les principaux paroissiens représentent à l'archidiacre visiteur, que, vu les peines que se donne M^r le vicaire (Louis Aroux) pour les Ecoles et pour le chant dont il ne retire aucun honoraire ; ils déclarent qu'ils veulent bien unanimement lui accorder par an, tant qu'il demeurera dans la paroisse, la somme de trente livres exigible sur le trésor, sans que cela puisse tirer à droit pour les autres qui viendront après lui.

Le 5 juin 1757, assemblée des habitants en état de commun... Il a été représenté par le curé (Mᵉ Le Petit) qu'il serait convenable pour le bien de la paroisse de donner quelque chose à une fille qui serait capable d'instruire la jeunesse, pour lui aider à subsister ; et connaissant la capacité de Magdelaine Bénard, de la dite paroisse, qui veut bien prendre le soin d'instruire les enfants, lesdits habitants consentent, sous le bon plaisir de Monsʳ de Sᵗ Just, doyen du Parlement de Rouen et patron de cette paroisse, que les trésoriers en charge lui payeront chaque année la somme de trente livres et ce en quatre payements égaux, le premier terme à la S. Jean prochaine et ainsi continuer de trois mois en trois mois ; de plus, les dits habitants autorisent le trésorier en charge de la présente année à faire couvrir et raccommoder la maison appartenante audit trésor pour l'usage de ladite fille qui instruira la jeunesse. (1)

Le 19 février 1764, assemblée des habitants en état de commun, à propos des 30 livres à payer à Magdelaine Bénard, pour tenir les petites écoles.

※

---

(1) Cette délibération porte 12 signatures de paroissiens et celle du seigneur ; celle du curé fait défaut.

LE FAVRIL.
550 habitants.

Avant 1762, les habitants affectent le produit de la fieffe des bancs de l'église à la tenue des écoles ; le trésor y ajoute la somme de 35 livres 16 sols pour former celle de 100 livres, laquelle est accordée par acte notarié à MM^{rs} les vicaires du Favril qui tiendront les écoles, suivant l'autorisation de feu Mgr l'évêque de Lisieux, sur une requête présentée à cet effet par les habitants. (c)

MEULLES.
1160 habitants.

1709. — Fondation d'une école tenue par une religieuse de la Providence de Lisieux (1). Cette sœur en 1760, est payée 160 livres, par le fermier de la terre de Meulles.

1780, 27 août & 30 oct. — Assemblées des paroissiens à l'effet d'engager la communauté de la Providence de faire tenir les écoles et même d'intenter action contre elle en cas de refus.

(c) Les notes suivies de la lettre (c) sont extraites des Archives départementales du Calvados, dirigées avec zèle et talent par notre très obligeant compatriote M. Bénet, auquel nous présentons notre vive et cordiale gratitude.

(1) Les rôles des tailles de 1724 et 1759 constatent la présence, à Meulles, d'un « maître d'école. » — (*Note fournie par M. Ch. Després*).

1781, 4 nov. — Acquisition de la cour de l'école des filles.

Vers 1781, fondation par la famille Quillet, seigneur du Val-Ratier, pour l'établissement d'une sœur de la Providence. (*Note Després*). — Lors de la Revolution, cette école possède une cour, une maison et 2 petites pièces de terre. — An VI. 5 therm^r Vente, comme bien national, d'un bâtiment à usage de petites Écoles. ^c

MÉZIDON.
495 habitants.

1702. — Il y a un maître d'école approuvé et de bonnes mœurs ; il fait bien son devoir et sert à l'église. Les filles ne sont point instruites avec les garçons.

1725. — Assemblée des paroissiens pour assurer la solde qu'ils ont promise au s^r Aubin, pour l'école de la paroisse ; ils s'engagent à lui payer la somme de 174 livres, outre l'exemption de tailles et de gens de guerre, « à condition qu'il enseignera les enfants gratis, sans que le présent puisse empescher ledit s^r maistre de prendre des enfants de ceux qui ne sont point de notre paroisse. » ^c

An IV, 16 prairial. — Jean-François Leroy, instituteur, déclare qu'il est en activité dans la commune depuis 26 ans et qu'il a continué sans interruption. ^c

LE

CLERGÉ et les PETITES ÉCOLES

MONTVIETTE.

355 habitants.

1737, 16 sept. Me Joseph Brunet, curé de la paroisse, fonde une école pour instruire les jeunes filles, par une religieuse de Lisieux. Il donne une somme de 2.400 liv. à la communauté de la Providence de Lisieux, laquelle s'oblige de fournir à perpétuité ladite maîtresse d'école.

1738, 29 juillet. — Le même curé fonde une autre école pour instruire les jeunes garçons ; il donne un logement pour tenir lesdites petites écoles, avec une petite cour & une pièce de terre en herbe, pour la pension du maître d'école. c

1760, 27 sept. — Noble dame Charlotte de Valon, veuve en premières noces de Gabriel Lebas, écuyer, sieur de Longparc, et en secondes noces de Jean du Rosey, écuyer, sieur de Montviette, ladite dame demeurant à Lisieux, fait donation, au nom d'Antoine-Charles Le Bas, écuyer, s^r du Rouvray, son fils, absent, d'une rente annuelle de 120 livres, pour une école de charité en ladite paroisse de Montviette. c

1793, 19 avril. Le conseil général de la commune reclame au directoire du district de Lisieux la conservation des biens de ces écoles, dont la loi du 8 mars 1793 avait prescrit la vente.

LE SAP.

1,350 habitants.

Vers 1778, fondation d'une école de la Providence de Lisieux, par le curé ; mais à la mort du fondateur, M° Féret, arrivée le 31 décembre 1780, les formalités légales n'ayant point été remplies, ses héritiers reclamèrent à la Providence la somme de 4.000 livres que les religieuses durent remettre. ^c

MOYAUX.

1,350 habitants.

1775. — Une sœur de la Providence de Lisieux tient les petites écoles.

1788, 30 juillet. — Visite de l'archidiacre diocésain ; Jean-Baptiste Crépin lui ayant représenté ses lettres d'approbation pour tenir les petites écoles, il l'autorise en tant que de besoin et défend à tout autre qui ne serait pas muni de pareille approbation, notamment à Noël Bouchard de s'ingérer en aucune manière de faire l'office de maître d'école & d'enseigner publiquement. ^c

GLANVILLE.

410 habitants.

1706. — M° Laurent du Quey, curé de la paroisse, fonde une école.

1727, 10 sept. — Par testament, Mre Anne-Jullien de Mallon, seigneur de Bercy, donne et lègue aux pauvres des paroisses de Glanville et de Villers-sur-Mer une somme de 10.000 livres qui sera payée aux mains du curé. Ce dernier, pour remplir la volonté du défunt, fonde une maîtresse d'école, prise à la communauté de Lisieux à laquelle il donne 2.600 l. Cette école est alternative de 3 ans en 3 ans; procès à ce sujet.

1733, 29 oct. — Robert de la Diennée, demeurant en la paroisse, avait de son vivant projeté de faire construire une maison pour servir de demeure à la sœur fondée pour tenir les écoles charitables pour les pauvres de la paroisse; les héritiers dudit abandonnent la portion de terre en question, et, le 9 novembre, pour contribuer à soutenir l'école, le seigneur remet les droits d'indemnité et de treizièmes qui lui sont dus : » L'éducation des enfans est précieuse — écrit- « il de Paris au curé — et je ne puis que loüer « le zêle que vous avez d'en donner une atten- « tion particulière... • [c]

Le Mesnil-Hubert (ou Robert).

1782, 25 mars. — Me Jean-Baptiste Le Ferme, prêtre de la Congrégation de Jésus & de Marie, originaire de la paroisse de la Frenaye-Fayel, demeurant ordinairement au séminaire archiépiscopal de Rouen, fonde, moyennant la somme de 3.000 livres, une école de charité pour les filles, à laquelle seront admises celles de la Frenaye-Fayel. De nombreuses prières sont prescrites par le fondateur.

Mre Louis-Claude de la Pallu, chevalier, seigneur et patron de la paroisse du Mesnil-Hubert, Mardilly, la Sarazinière et autres lieux, cède une portion de terrain de 2 perches pour le logement de la sœur d'école. [c]

COUPESARTE.
110 habitants.

1743. — Par contrat passé à Lisieux, le 12 août, Mᵉ François Le Camus, curé de la paroisse de S, Eu de Coupesarte, fonde & dote, par 120 l. de rente, une des dames de la Providence de Lisieux, pour tenir les écoles des filles ; il donne aussi une petite portion de terre en jardin sur laquelle il y a un corps de logis à usage de demeure et autres aîtres. ᶜ

FRIARDEL.
340 habitants.

1707, 4 nov. — Acquisition faite pour l'établissement des écoles de charité.

1724, 19 août. — Mᵣ Louis Hélix, escʳ, sieur d'Hacqueville, conseiller du Roi, demeurant en la ville d'Orbec, fondateur.

1739, 18 déc. — Louis-Henry de Vauchelles, écʳ, seigneur de Friardel, demeurant à Rouen, achète de Robert Morin et Bonne Langlois 50 perches ou environ de terre en closage pour y loger et entretenir une fille qni tiendra les écoles gratuites & de charité pour l'instruction des filles. — 22 déc. Dom Jacques De la Rue. prêtre, prieur-curé de la paroisse de Friardel, procureur de Mᵣ de Vauchelles, fonde par 150 l. de rente, une maîtresse d'école prise à la Providence de Lisieux. Le contrat porte que si ladite maison & communauté vient à manquer, cette fondation sera transférée à l'hôpital d'Orbec pour y avoir un lit pour la paroisse de Friardel. — L'école est située au bas de la Grande-Couture.

1791, 6 nov. — La municipalité fait sommer, par huissier, la dame Bertout, maîtresse d'école, de vider l'occupation dans les 24 heures.

An III, 26 floréal. — La maison d'école étant pour être vendue est reclamée par la municipalité pour en faire une maison commune et loger un instituteur.

An V, 12 niv. — Vente, comme bien national, d'une pièce de terre en cour, provenant de la Providence de Lisieux. c

LA

NOBLESSE & LES PETITES ÉCOLES

CHRÉTIENVILLE.

100 habitants.

1770, 31 mai. — Devant les notaires du Châtelet, fondation d'une école par Mr Chrétien des Ruflais, seigneur de Chrétienville.

1771. — Claude-Jean Mequignon, maître d'école de la paroisse.

1784, 8 sept. — En son château des Ruflais, le marquis d'Erneville, chevalier, seigneur et patron de Chrétienville, Launay, Grandouet et autres lieux, nomme

le sieur Claude Philippes, de la paroisse
de Périers, demeurant présentement en
celle de Combon, pour faire les fonctions
de maître d'école dans ladite paroisse de
Chrétienville, aux fins d'instruire les enfants de l'un et de l'autre sexe, aux gages portés par l'acte de dotation..., et ce,
ajoute ledit seignuer, « tant qu'il nous
« plaira, nous réservant à choisir par la
« suite et à indiquer les enfants qui de-
« vront recevoir une instruction gratuite,
« aux termes dudit acte. » — Trois som-
mations sont faites à l'abbé Moulis (1),
curé de la paroisse, lequel refuse d'agréer
ledit maître d'école (2) ; malgre cela, ce
dernier prend possession de son poste.

1787, 22 avril. — Sont parrain & mar-
raine de l'enfant nouveau-né de Claude
Philippes, maitre d'école : Haut & puissant seigneur messire Jean-Baptiste marquis d'Erneville, chevalier, seigneur de
Chrétienville & autres lieux, &c. ; haute
& puissante dame Julie-Louise-Marie Derneville, dame de haut & puissant seigneur
messire Casimir-Baltazar de Hereul vicom-
te de Revilliasc, chevalier, lieutenant-co-

_____

(1) L'abbé Moulis. Jean-Baptiste, curé de la
paroisse de Chrétienville, de 1764 à la fermeture de l'église, fut un révolutionnaire ardent et
tristement célèbre. Il mourut à Evreux, le 17
juillet 1809, ayant refusé les secours de la religion et demandé à être enterré sans sonnerie
et sans luminaire. Il a laissé quelques écrits.

(2) Le dossier de cette affaire se trouve aux
archives de la mairie d'Harcourt.

lonel du régiment de Bourgogne-cavale-
rie, ladite dame demeurant au château
de Ruflais.

1790. — Claude Philrppe est'encore en
fonctions, à Chrétienville ; on l'y retrou-
ve, en l'an III.

MONNAI.

450 habitants,

Avant 1766, Mme de Monnai fonde, à
perpétuité, une école tenue par une sœur
de la Providence de Lisieux. Cette école
est indépendante de la communauté et ne
relève que des fondateurs ; la sœur ne
rend point de comptes à la communauté
qui, de son côté, n'est pas tenue de rien
lui donner. ᶜ

LES BOTTEREAUX.

285 habitants.

1486. — Fondation d'une école par Jehan de Garancière, seigneur des Bottereaux.

En 1731, le 9 mars, l'intendant d'Alen-
çon écrit au garde des sceaux, au sujet
d'un placet du chevalier du Rebais qui
demandait à rentrer dans le bien affecté
à l'école des Bottereaux. Cette fondation
avait été faite non par les ancêtres du
sieur de Rebais, mais par Jean de Garen-
cière, seigneur des Bottereaux, en 1486.
Le revenu de cette éccole était de plus
de 100 livres de rente. « L'utilité de cette

fondation — dit l'Intendant — n'a cessé
que par les troubles que le s^r de Rebais
et ses enfants ont fait audit maistre d'école, dans le dessein, à ce que l'on prétend,
qu'ils ont eu de s'emparer du fond de cette fondation. — Il est porté par une des
clauses de ce contrat que lorsqu'il n'y aura point de maistre d'école dans la paroisse le revenu des fonds sera employé en
œuvres pieuses. Ainsi l'intention du fondateur n'a point été que ses héritiers
puissent rentrer, à plus forte raison, ceux
qui possèdent la terre des Bottereaux à
un autre titre. Le curé de cette paroisse,
qui a été instruit de la demande de M^r le
chevalier de Rebais, m'a fait remettre une
requête qui y sert de défense..... Enfin le
s^r chevalier de Rebais, qui est sur les
lieux, persuadé qu'il ne peut réussir dans
son entreprise, a fait dire par la dame sa
mère à mon subdélégué qu'il l'abandon-
nait, voyant bien que toute la paroisse
s'y opposerait. » (1)

LE BREUIL.

560 habitants.

1730, 16 mars. — Noble dame Fr.....-
Philippe Bence, épouse de messire Claude
Delafond, chevalier, seigneur de la Ben-
nedière, intendant de Besançon (Franche-

---

(1) Arch. de l'Orne. C. 1102. — Nous devons
ce document à la gracieuse obligeance de l'é-
rudit archiviste, Mr L. Duval.

Comté & Aisace), maître des requêtes honoraires de S. M., dame & patronne du Breuil, Ouillye-le-Vicomte, Cricqueville, baronne d'Oulme-en-Poston (?) & autres terres & sieuries, demeurante à Paris, rue de Seine, paroisse St-Sulpice, faubourg St-Germain, « estant de présent en son « chasteau du Breuil, déclare que n'ayant « rien de plus à cœur que le bien spiri- « tuel des habitants de la paroisse..... » elle fonde, par 130 l. de rente perpétuelle « et non rachaptable », une maîtresse d'école prise dans la commuauté de la Providence de Lisieux. La fondatrice fournira la maison. La sœur devra enseigner gratuitement les enfants, saigner et panser les pauvres qui se présenteront à elle, faire prier les enfants pour ladite dame fondatrice... — 1772. Reconnaissance de ce contrat de fondation. c

La Houblonnière.
295 habitants.

1722. — Le sieur Du Lis fonde une rente « fontière » de 100 l., pour une école gratuite de filles, tenue, de 3 ans en 3 ans, par une sœur de la Providence de Lisieux.

AUVILLARS.
495 habitants.

Vers 1715, Mre Anne Dauvet de Bouffey donne à la Providence de Lisieux une rente de 150 l., pour fonder à perpétuité une « fille d'école » pour instruire les filles d'Auvillars & de Repentiguy.

'An VII, 14 fructr. Vente, comme bien national, d'uue portion de terre et une maison provenant des sœurs de la Providence. (1320)

Saint-Martin-d'Ouillye.
460 habitants.

1707. — Noble dame Charlotte le Comte de Nouant, veuve de Mre Jean Dovai-
son, chevalier, seigneur marquis de Long-
champ, demeurante au château d'Ouillye,
donne au trésor de la paroisse une maison
& 57 livres de rente pour une école gratuite pour les filles. Cette école sera tenue, de 3 ans en 3 ans, par une sœur de
la Providence de Lisieux.

DIVES.
570 habitants.

GONNEVILLE.
575 habitants.

A une date inconnue, des personnes de
piété donnent à ces paroisses 2 parties de
rente s'élevant à 71 liv. 5 sols pour une
école tenue par une sœur de la Providence de Lisieux, à laquelle les enfants paient
le supplément de ses gages. Cette école
se tenait 3 ans dans chaque paroisse. En
1783, les paroissiens de Gonneville refu-
sent de payer leur partie de rente de 60
livres ; la sœur cesse de faire l'école. c

GACÉ.
1210 habitants.

Avant 1716, Mme de Senelay fonde,
par 60 livres de rente, une école de la

Providence de Lisieux.— En 1716, M^r le maréchal fournit le reste du traitement de la sœur.

Ventes de biens nationaux
PROVENANT DE PETITES ÉCOLES

ASNELLES. 23 fruct^r an VII. Une maison. [1436]

BISSIÈRES. 11 floréal an VI. Une maison. [1263]

BRETTEVILLE-SUR-DIVES. 22 therm^r an IV. Collège des Arts. [49]

CHOUAIN. 19 nivôse an VI. Une maison. [1177]

CRÈVECŒUR. 13 fruct^r an VI. 1 corps de bâtiment & 1 jardin. [1118]

CROCQ. An VII. 1 bâtiment & 1 jardin. [1389]

DOZULE. 19 frim^{re} an VI. Une maison provenant de la Providence. [1131]

L'ETANVILLE. 29 germinal an VI. Une pièce de terre & une maison d'école [1254]

PARFOURU-SUR-ODON. 7 frimaire an VI. 1 bâtiment & 3 vergées 1|2 de terre. [1107]

LES ÉCOLES NATIONALES

DE LA RÉVOLUTION ·

District de Lisieux.

An II, 19 messidor. — 20 instituteurs sont en activité ; les uns réunissent les enfants de 2 communes.

LISIEUX. Les ci-devant Frères St-Yon tenaient leur école dans une maison louée par Catherine Derneville veuve Fauvel.

LISIEUX. — An IV, 16 prairial. Instituteurs : Etienne Davin ; Charles-François Lebrun.

ORBEC. — Jean-Pierre Le Tenneur, instituteur, installé en cette ville le 1er nivôse an III, a 85 écoliers, puis 62 en l'an V. Le 18 germinal dudit an, Le Tenneur, seul instituteur dans la dommune, reclame au district son traitement que la municipalité lui refuse depuis 20 mois ; il est obligé de vendre ses effets pour vivre & sa famille & payer son loyer.

A la même date, Angélique Hamel femme de François Vanniey, est institutrice.

CRÈVECŒUR. — Id. Jacques-François Doublet.

PONTFARCY. — An III, 2 pluviôse. François Lebrun.

Arrondissement de Bernay.

VILLE DE BERNAY

Petites Écoles.

1718. — Jean Quesné, organiste & maître d'école, demeure dans la rue Grand-Pont, près l'église Ste-Croix.

1775, 15 févr. — François Bourgeois, âgé de 25 ans, maître d'école, paroisse Ste-Croix.

Ancien Collège.

L'ancien Collège était encore en activité en 1792. Les 3 juin & 23 septembre de ladite année, Louis-Pierre Mauduit, acolyte de la paroisse de la Couture, prêta, en qualité de régent des 4e & 6e classes du Collège, le serment civique imposé au clergé.

Petites Écoles de la Révolution.

1792, 1er juillet. — La Société populaire appelle à ses lectures les citoyens des deux sexes, convaincue qu'il est de l'intérêt public que les mères de famille, chargées de l'éducation de leurs enfants, soient instruites des lois pour apprendre à ces jeunes cœurs à s'y soumettre & leur inculquer de bonne heure l'amour de la patrie, qui les porte à préférer à tout ce ce qui peut intéresser la chose publique.

1793, 4 août. — A la séance de la Société populaire, l'un des frères de Paris propose, à l'occasion de la fête du 10 août de décerner une couronne civique à celui ou celle des enfants qui réciterait le plus correctement les Droits de l'homme & l'Acte constitutionnel. — 9 août. Examen des élèves. Jacques Belzeaux mérite la couronne civique ; il est suivi par François Marin. — 10 août. Ces deux enfants portent la Constitution civique. Les autres jeunes gens ont une place dans le cortège ; ils reçoivent une branche de laurier avec l'accolade du représentant du peuple.

An II, 30 therm. — L'agent national du district se plaint du peu d'intérêt que prennent les parents à envoyer leurs enfants aux écoles primaires & il demande que l'agent national de la commune surveille cet abus.

École secondaire.

An II, 25 fructidor. — Une commission est nommée par la Société populaire pour aller examiner les travaux des jeunes citoyens & inviter ceux qui font le plus de progrès à assister à la séance de quintidi prochain. — Les élèves désignés sont : Prétavoine l'aîné ; Bréant ; Lenepveu ; Blache ; Belhache ; Dubois ; Gastel ; Mauduit. Ils reçoivent les félicitations du président, l'accolade & une branche de chêne.

An III, 2 pluviôse. — Après une longue

discussion la Société populaire arrête que les instituteurs seront invités de lui présenter, chaque décadi, ceux de leurs élèves qui, par leurs dispositions, mériteront fixer son attention, pour qu'ils reçoivent les encouragements nécessaires & exciter par là l'émulation qui doit régner entre eux pour le succès de l'instruction. Une invitation sera adressée à tous les instituteurs de la ville.

En prairial an IV, J.-F. Mutel père refuse la place d'instituteur secondaire qui lui est offerte ; il est bientôt septuagénaire, sa vue est affaiblie, sa mémoire usée ; il se borne à l'éducation de quelques jeunes gens...

Le 29 ventôse an IV, conformément à l'article 300 du titre 10 de la Constitution, le citoyen Douis, ministre du culte catholique, ci-devant professeur au Collège, déclare à la municipalité qu'il a l'intention d'enseigner la langue latine aux enfants qui se présenteront à lui.

Collège actuel.

Le prospectus de la troisième École secondaire (1) constate que 3 instituteurs se

---

(1) Ce prospectus, in-4° de 4 pages, sans date, fut imprimé à Bernay, chez Philippe-Lalonde l'aîné, rue du Commerce. — Nous avons offert à la Bibliothèque Nationale, en 1887, un exemplaire de ce rarissime Prospectus, ainsi qu'un de l'École secondaire d'Evreux, que le citoyen Verdière devait ouvrir, le 1er frimaire an XI, dans le local même de l'École centrale; ce dernier Prospectus forme 15 pages in-8°.

partagent les dégrès d'instruction, sous la direction du citoyen Deschamps. Cette École ou Pension était établie dans un édifice national, situé rue de la Liberté.

BEAUMONT-LE-ROGER.

An VIII. Jean-Pierre Dumoutier, instituteur, quitte Beaumont et va à Harcourt.

LE BEC-HELLOUIN.

An VII. Jean-Louis Adam, instituteur, quitte le Bec et va à Harcourt.

BOISNEY.

An VII, 22 frim^re. Jean-François-Alexandre Paulmier, déclare aller habiter Boisney et y enseigner la jeunesse.

BRIONNE.

1775. François-Nicolas Jouanne, maître d'école en ce bourg.

An VII. François Ponter (?), instituteur particulier à Valleville.

BROGLIE.

1766. Marie Frère, maîtresse d'école.

CAPELLES-LES-GRANDS.

Avant 1716. Fondation d'une école de la Providence de Lisieux, par M. l'abbé Henrieu, ancien évêque de Boulogne. — 150 livres de rente.

FONTAINE-LA-LOUVET.

1680, 17 janvier. La dame Jehanne De Launay, veuve de messire Jehan Ferey, fait une donation au trésor de la paroisse pour un maître d'école qui sera prêtre.

LE BOSC-ROBERT. (près Gisay.)

Après 1793, le ci-devant curé continue d'habiter le presbytère en tenant les écoles. Un ci-

toyen du lieu dénonce ce fait au procureur-syn-
dic de Bernay.

GIVERVILLE.

1751. Dans les charges du trésor figu-
re la somme de 15 l., pour les gages du
maître d'école « estably depuis quelques
années dans la paroisse. » [c]

1764. Jacques Petit, maître d'école.

1708. L'évêque de Lisieux fonde une
École de la Providence.

1778, 28 avril. M[e] Louis-Georges Au-
bert, prêtre, curé de Giverville, fonde une
école de charité pour être tenue par deux
maîtresses d'école de la Providence de
Lisieux, au moyen d'une somme de 9.000
l. versée à la supérieure. — Le même fait
don au trésor de la paroisse d'une maison
pour loger les maîtresses d'école. [c]

LA GOULAFRIÈRE
École antérieure à la Révolution.

A partir de 1791, le registre de la municipalité fait souvent mention de la *cour de l'école*.

An II, 9 germinal Jean Letray déclare que
son intention est d'ouvrir une école dans la
commune pour apprendre aux enfants des citoyens à lire et écrire et l'arithmétique.

Le 24 dudit mois, même déclaration par le
citoyen Augustin Jamot, lequel est accepté, ainsi que Letray. Ce dernier, au 10 prairial, est
instituteur et secrétaire de la municipalité. Peu
après, il va à Verneusses où il est mal reçu.

GOUPILLIÈRES.

1792. Jean-Baptiste Picory, instituteur.

An II. Noms des citoyens qui se présentent
pour être instituteurs dans la commune : Jean-
Baptiste Rouzée ; Claude Philippes ; Pierre Ro-
bin. Ce dernier, le 26 messidor, est installé
dans une partie du ci-devant presbytère.

An VII. Pierre-Jacques de Bouclon, instituteur à Goupillières ; reçu le 1ᵉʳ ventôse an VIII.

GRANDCAMP

1751. — Dans les dépenses du trésor
figurent les réparations du « bâtiment à
usage d'école. »

HARCOURT.

1729. Charles Guenet, maître d'école.

En 1792, Charles-Jacques Philippe, instituteur à Harcourt, part volontairement sous les
drapeaux pour défendre la patrie. — Le 4 nov.,
le citoyen Huré se présente pour tenir les écoles.

An II, duody nivôse, 1ᵉʳᵉ décade. La municipalité arrête qu'il sera délivré au citoyen Lalonde, maître d'école en cette commune, trente
exemplaires de l'*Acte constitutionnel* et des
Droits de l'homme, pour servir à l'instruction de
la jeunesse. Le dit Lalonde sera requis à en remettre un exemplaire à chacun de ses élèves
dès qu'ils seront en état de s'en servir, et d'em-
ployer les moyens les plus puissants sur l'esprit de ses élèves pour leur faire apprendre par
cœur les principes y contenus.

An VII. Ordre de fermer provisoirement l'é-
cole du citoyen Périer, ministre du culte catholique, parce qu'il donne congé les jours autres que les décadis.

An VII, 8 germinal. Le citoyen Jean-Louis
Adam ouvre une école particulière.

An VIII, 16 brumaire. Jean-Pierre Dumoutier, instituteur à Beaumont-le-Roger, est reçu à Harcourt.

An VIII, *8 frimaire*. Défense est faite à la
femme Bayeux, de la commune de Rouen. de
continuer les écoles à Harcourt, faute de décla-
tion.

LA HAYE-DE-CALLEVILLE.

An VII. Fermeture provisoire de l'école de
Joseph Tranquet, pour cause d'incivisme de ce
dernier.

NASSANDRES.

An VII. Thyesser, instituteur primaire.

PERRIERS-LA-CAMPAGNE.

An VII. Gravey, instituteur primaire.

ROUGE-PERIERS.

An VIII. Pierre-Jacques Roussel, instituteur particulier.

St-AUBIN-LE-GUICHARD.

Ecole ancienne. — Une délibération municipale du 17 juillet 1791 mentionne la « cour de l'école. »

THIBOUVILLE.

An VIII, 16 frimaire. Michel Harest est reçu instituteur particulier.

LE TILLEUL-OTHON.

An VII, *2* frimaire. Défense est faite par la municipalité cantonale d'Harcourt, au citoyen Jacquerel d'exercer le culte catholique et tenir les écoles sans faire déclaration, ce qu'il fait le 22 du dit mois. — 8 ventôe. Fermeture provisoire de l'école particulière du citoyen Jacquerel, parce qu'il donne une instruction anti-républicaine.

AUTRES LOCALITÉS
ayant des Écoles avant la Révolution.

1717. — LE BEC-HELLOUIN. Écoles de garçons et de filles. — St-MARTIN-DU-PARC. — BERVILLE. École de filles. — St-TAURIN-DES-IFS. — BRIONNE. École de filles. — VALLEVILLE. — St-ELOI-DE-FOURQUES.

(Visites de l'archidiacre de Rouen, citées par M. G. de Beaurepaire.)

1581. St-VICTOR-D'ÉPINE. — 1689. MORSAN. École fondée par l'abbé Charles de Sens.

ARRONDISSEMENT
DES ANDELYS

(Les Notes qui suivent sont empruntées aux Enquêtes et Rapports faits, de 1791 à l'an XII, sur les établissements de charité et d'enseignement, documents déposés aux Archives départementales de l'Eure.)

AMFREVILLE-SOUS-LES-MONTS.

Ecole ancienne ; une somme de 60 liv. pour cet objet, est comprise dans l'état des charges additionnelles de la paroisse, en 1792.

CRESSENVILLE.

1792. Il existe une petite maison et viron 20 perches de masure données, pour les petites écoles, aux habitants par les ci-devant seigneurs de cette paroisse.

ÉTRÉPAGNY.

1792. L'instruction publique des garçons est dirigée par un maître d'école laïque ; il est chargé de leur enseigner les éléments de la Doctrine chrétienne, la Lecture, l'Ecriture et l'Arithmétique. Les enfants natifs ou domiciliés au dit lieu reçoivent gratuitement ces instructions, ceux des paroisses voisines payent un prix médiocre et conventionnel. Le maître d'école est de plus clerc de l'église paroissialle et, comme tel, obligé d'assister aux offices, d'y faire les fonctions de chantre. Son traitement consiste en 400 livres et 20 boisseaux de blé qui lui sont annuel-

lement payés par la fabrique. Il a de plus
un logement faisant partie de l'ancien couvent réuni, il y a quelques années, à la
fabrique pour en faire le logement du vicaire et des chapelains ; le logement dont
il jouit gratuitement consiste en une salle, une laverie, une autre salle basse pour
la classe et un petit jardin. — Les écoles
sont tenues tous les jours ouvriers, excepté le jeudi, depuis 8 heures du matin
jusqu'à 11 et depuis une heure de relevée
jusqu'à 4 ; les vacances annuelles sont de
2 mois.

L'instruction gratuite des filles est con-
fiée à 3 sœurs hospitalières de la communauté d'Ernemont, dont la supérieure est
particulièrement destinée au soin des
pauvres malades. Elles enseignent les
éléments de la Doctrine chrétienne, à lire, écrire et calculer. Leur classe se tient
régulièrement tous les jours de la semaine excepté le jeudi..... Le temps de leur
service est 10 mois par année .... Leur
traitement consiste en une somme de 60
livres et 30 boisseaux de blé annuellement
payes par la fabrique, plus une rente de
300 livres affectée sur des biens sis à Ga-
maches..., annuellement payée par le fermier, plus une rente de 12 livres sur une
maison... à Étrépagny ; elles jouissent
encore de 40 livres de rente affectées sur
une petite ferme sise à Gisors, donnée,
dit-on, pour subvenir aux réparations de
leur habitation. Elles habitent une mai-

son... donnée en propriété à la communauté des dames d'Ernemont, pour être le logement des 3 sœurs destinées, comme dit est, à l'instruction gratuite des filles et au soin des malades.

L'ancien couvent, devenu vacant par la nomination des chapelains à des cures constitutionnelles, présente un emplacement assez vaste pour contenir séparément ces deux établissements, dans le cas où l'administration ne se déterminerait pas à y former des ateliers ou un hôpital.

ÉCOUIS.
1791. Au vicariat appartient 2 maisons et 2 petits réduits.

ERNEMONT.
1790. Les écoles gratuites possèdent 10 perches de clos.

FLIPOU.
1792. — Absence d'école. Il y a cependant, à Flipou, des biens dépendant du Collège de Rouen.

GISORS.
1790. Les Ursulines.

GISANCOURT.
1790. Écoles ayant 302 l. de revenu.

MORGNY.
1790. Il y a une sœur d'école. Revenu : 10 livres.

NEAUFLES.
1790. Nombreux immeubles.

St-DENIS-DU-BÉHÉLAN.

1791. Les sœurs de Caër possèdent 4 acres 1 vergée de terre labourable en 7 pièces, affermées pour 95 l. 17 s. 6 d.

St-NICOLAS-D'ATIZ.

1790. 5 immeubles appartiennent aux sœurs de Caër.

St-OUEN-D'ATEZ.

1790. Les sœurs de Caër possèdent 1 vergée de terre et de pré.

TILLIÈRES.

1790. La confrérie du Saint-Sacrement paie la somme de 67 livres pour les Petites Écoles.

PRESSAGNY-L'ORGUEILLEUX.

1792, Il existe, dit le maire, une rente de 42 l. 10 s., destinée pour les petites écoles, que le maître reçoit annuellement. Cette rente a été créée par nos prédécesseurs ; comme elle est insuffisante, nous payons 5 à 10 sous par mois pour chaque enfant que nous envoyons journellement aux écoles. — Le « vicarial » est destiné pour le logement du maître d'école, qui l'occupe depuis 24 ans ; il a près de 55 ans ; cet homme rempli son devoir avec toute l'exactitude possible et il fait à notre communauté un tres grand bien ; il se nomme Joachim Morel.

Autres localités pourvues d'Ecoles.

1749. Charleval. — 1716. Doudeauville. — 1686. Longchamps, Manneville, Mesnil-sur-Vienne. — 1782. St-Martin-de-Gasny. — Le Thil.

Arrondissement d'Evreux.

ÉVREUX.

1791. Aux petites écoles appartiennent une maison et dépendances

Collège. — Fondé le 25 janvier 1538, par les deniers communs. — Avant la Révolution, le principal et les régents étaient payés des deniers communaux ; il y avait une prébende et un canonicat affectés à cet établissement ; on y enseignait les mathématiques, la physique expérimentale, la langue latine et la réthorique. — 1795. 1 principal et 2 régents ; le citoyen Fournier a fait des hymnes patriotiques.

Hôtel-Dieu. — Comme partout, des petites écoles y étaient établies.

BROSVILLE.

École de la fondation Malortie.

BRETEUIL.

1790. Écoles latines. Revenu : 250 liv. à Cintray & Francheville, en 5 acres de pré.

An IV. Vente d'une maison d'école et ses dépendances.

1789. Collège. Un seul professeur nommé Lacroix, ecclésiastique, auquel succède peu de temps M. Dubouquet, ex-bénédictin. Prix de la pension pour les étrangers : 3 à 400 l, mais les habitants reçoivent l'instruction gratuite, sauf les présents volontaires. Environ 25 à 30 élèves. Ce

collège possède, comme effet d'une donation d'un ancien propriétaire du pays, une
maison, 1 jardin & environ 500 l. de revenu en biens-fonds. On y enseigne le latin, la géographie et l'histoire; il en est
sorti de bons élèves. En l'an XI, le suɛd.
M. Dubouquet est instituteur des enfants
du comte de Barcy, à Bordigni.

1789. 2 écoles particulières gratuites:
une pour les garçons tenue par le citoyen Carrey; une pour les filles tenue par
2 sœurs de la Providence, sœurs Cornu &
Machelet. On y enseigne à lire, écrire et
les éléments de l'aritmétique. On y reçoit
les élèves du lieu & des communes voisines. Chaque école a un logement, un jardin & environ 500 l. de revenu en biens-
fonds, par fondation.

1790. Les écoles latines et françaises
possèdent 2 vergées de pré.

1749, 1er août. Par devant le notaire de
Breteuil, Me Georges Lefort, prêtre, curé
d'Alaincourt, et son frère fondent une
sœur maîtresse des écoles gratuites et
charitables.

Les biens du collège & des deux écoles
sont vendus pendant la Révolution.

An XI. Il n'existe plus que des petites
écoles libres où l'on enseigne à lire, un
peu à écrire, payées par les parents. —
Il n'a pas été possible de former d'École
secondaire, le conseil municipal n'ayant
point voulu accéder à ce que l'on fournit
un logement.

LES BOTTEREAUX.

1791. La Prestimonie possède une maison, cour, jardin, bois-taillis & autres terres labourables, contenant 6 acres 2 vergées 20 perches, estimés 6.168 l.

CHAMBORD.

1790. École pour les filles. Revenu : 180 l.

LA CHAPELLE-DU-BOIS-DES-FAULX.

1792. Il existe une école fondée à perpétuité par M. de Malortie, le 2 septembre en 1663, école à laquelle sont instruits gratuitement les enfants des paroisses suivantes : le Bouly-Morin, Emalleville, Carouet et Verdun, Heudreville, Isville... Le maître d'école a pour traitement 300 l. Il est tenu de faire tous les jours deux classes, une le matin et l'autre le soir. Les « institutions » sont : la lecture, l'écriture, l'arithmétique et autres sciences tant pour la religion que pour le civisme. Il y a en outre 10 livres données pour fournir aux écoliers le papier, les plumes, l'encre, des livres, même des récompenses pour engager les enfants à travailler.

CHASTIGNY.

La Prestimonie possède une maison, cour et jardin.

CINTRAY.

Avant 1790, il existait une École gratuite.

CONCHES.

En 1787, Jacques Gastine, qui desser-

vait le Collège, enseignart ce qu'on enseigne aujourd'hui (an XII) dans les écoles primaires ; ce Collège était dégénéré
en Petites Écoles : plus de pensionnaires
et peu d'élèves pour le latin ; 1 seul maître dont le traitement était formé par les
retributions que les parents des élèves pa-
yaient chaque mois, — On ne possédait
dans cette ville ou dans les environs aucune École particulière, gratuite ni salariée.

An XI. Desservi depuis environ 20 ans
par des maîtres peu habiles, le Collège a
fini par se trouver privé d'élèves.

An XII, 29 vendém. Un sr Desvaux se
propose pour diriger le Collège. Le len-
demain, délibération municipale relative
à l'établissement d'une École secondaire.

CONDÉ.

1790. École tenue par une sœur de Caër. Biens : 1 acre de terre labourable.

CONDÉ et DAMMARIE.

1790. Nombreux immeubles aux sœurs
de Caër.

LE CORMIER.

1791. Au vicariat appartient une maison et dépendances.

COUDRES.

Les écoles possèdent une masure, contenant
30 perches, sur laquelle est une maison, plus
10 perches au bout de la dite maison.

CRESSENVILLE.

1792. Les écoles possèdent une petite
maison et viron 20 perches de masure

données aux habitants par le ci-devant seigneur de cette paroisse.

GROSBOIS.

1792. Il y a un instituteur qui instruit aussi les enfants de Piseux. Cet instituteur paraît avoir la confiance à trois-quarts de lieue aux environs.

St-GEORGES-DU-THEIL.

1792. Il y a un maître d'école et une rente de 250 l,, faite par la fabrique, suivant une délibération du trésor.

Callouet. 1705. — Charleval. 1722. — La Forêt-du-Parc. 1717. — Garennes. 1773. — Lorey. 1689. — Neuville près Claville. 1774. — Ste-Colombe-la-Campagne. 1727. — St-Aubin-d'Escrosville. — St-Denis près Boshion.

VERNEUIL.

Collège. — Fondé en 1599 dans une maison empruntée à l'hôpital ; supprimé en 1680.

1789. Il n'y a dans la ville et aux environs qu'une École gratuite de charité pour les filles, desservie par 2 sœurs de Caër qui logent et donnent leurs secours dans une maison attenante au presbytère de la Madeleine et appartenante à l'hôpital ; il y a environ 100 élèves.

1789. Verneuil et ses environs n'ont d'autre École particulière salariée que le Pensionnat que tiennent les dames Bénédictines de l'abbaye de St-Nicolas de Verneuil où sont réunies environ 50 pensionnaires.

VERNON. — Collège. Fondé en 1606. 1789, Les communes environnantes jouissaient du droit exclusif d'envoyer leurs enfants pour y être instruits gratuitement. Ce collège jouissait de la plus grande réputation ; de 1770 à 1789, nombre moyen des élèves : 120, pensionnaires : 60. — 1789. Prix de la pension : 350 l. 6 professeurs : Gibon, Loiseau, Amette, Raymond, Arrachard, Vattemare. Outre ces professeurs il y avait 2 maîtres qui enseignaient gratuitement aux enfants la lecture, l'écriture et l'aritmétique. — 1791. Le Collège possède des biens à Gamilly, à St-Just, à Heubécourt et à Cahagne. — An XI, le principal est le citoyen L'Ecrivain, ex-chanoine, érudit et respectable ; pendant les orages de la Révolution, il a été forcé de chercher un asile sur une terre étrangère ; rentré dans sa patrie, il est venu fixer son domicile en cette ville ; son nom généralement respecté et connu est propre à relever le Collège dont le rétablissement serait un bienfait digne en tout du gouvernement...

Avant la Révolution il existait une maison religieuse, sous le nom particulier de Congrégation, pour l'instruction gratuite des filles. Nombre considérable d'élèves, aussi des pensionnaires. — Maison supprimée et bâtiments vendus par la Révolution. « Cette perte est irréparable pour la commune », dit le maire en l'an XI, et il ajoute qu'il n'y a point à Vernon ni aux environs d'Ecoles particulières salariées.

Arrondissement de Louviers.

ACQUIGNY.

1714, 6 février. Fondation d'une maîtresse d'école. Le contrat de fondation débute ainsi :

« Au nom du Père & du Fils & du S^t-
« Esprit. — Persuadée de l'obligation que
« chacun a de procurer autant qu'il peut
« la gloire de Dieu & l'édification du pro-
« chain ; connaissant le besoin où sont
« les femmes de campagne, sur lesquel-
« les roule nécessairement presque toute
« l'éducation des enfants. d'être instrui-
« tes des vérités de notre Ste Religion,
« et les tristes effets que produit l'extrê-
« me ignorance où elles sont à cet égard,
« je veux autant qu'il est en moi remé-
« dier à un si grand inconvénient dans
« les paroisses d'Acquigny, le Mesnil-Jour-
« dain & Villettes appartenantes tant à
« moi qu'à M^r le président d'Esneval,
« mon fils..... »

AILLY.

1791. Une maison et autres bâtiments, dite la *maison de la sœur*, située sur viron 30 perches de terre en labour, plantées d'arbres fruitiers, le tout estimé 1.200 livres, vendu, quelques années plus tard, 16.600 livres.

Autres localités pourvues d'Écoles.

1782. — LOUVIERS. — 1712. Fouqueville. — 1556. Gaillon. — 1727. La Haye-du-Theil. — 1745. Hectomare.

ARRONDISSEMENT
de Pont-Audemer.

VILLE DE PONT-AUDEMER.

1791. Les Religieuses Augustines ont tenu jusqu'à ce jour une École pour les filles.

BEUZEVILLE.

1791. — Il y a un corps de maison pour une maîtresse d'école avec maison et jardin, évalués 20 l. de revenu.

La cure est chargée de 20 l. de rente pour un maître d'école ou pour les pauvres, affectée sur la cour de son presbytère.

Au VI, 3 brumaire. La maison et bâtiment dite l'École de filles, est vendue, comme bien national, 1171 l.

LE BOS-ROGER.

Vente du ci-devant vicariat.

BOUQUETOT.

An V, 3 frimaire. Lors de la vente du presbytère, le logement de l'instituteur est réservé.

BOURG-ACHARD.

1791. Il existe un maître d'école pour 12 pauvres, par fondation de MM. de Mauleuvrier; ledit maître touche 50 livres de gages annuels par les fondateurs. La même fondation accorde 50 livres pour le mariage d'une fille pauvre. (e)

BRESTOT.

1791-1792. Il existe un maître d'école pour l'éducation publique des garçons ;

ses gages sont pris sur le revenu de la fabrique en qualité de clerc et chantre de l'église. Les officiers municipaux n'ont rien de plus à cœur que de conserver ce maître d'école.

150 livres sont donnés par la fabrique pour la maîtresse d'écoles gratuites pour les filles.

Chaque école possède une maison et masure.

CORMEILLES.

1775. Les écoles de filles de Cormeilles et de St-Pierre sont établies et confiées à la Providence de Lisieux à laquelle le receveur de l'abbaye de Cormeilles paie 400 livres pour ces 2 écoles.

1791. Sainte-Croix de Cormeilles possède une maison d'instruction gratuite pour les garçons et une autre pour les filles. La redevance annuelle pour chaque école est de 300 livres.

St-Pierre-de-Cormeilles possède 2 pareilles maisons d'instruction gratuite. La redevance de chacune est de 200 livres.

St-Sylvestre de Cormeilles possède une école gratuite pour les filles. Redevance: 150 livres.

Toutes ces redevances sont payées par le grand seminaire de Lisieux à cause de la mense conventuelle de Cormeilles y réunie de droit.

ECAQUELON.

1791. Deux maisons d'Écoles gratuites fondées aux dépens de la fabrique. Rente de 27 l. sur les tailles de l'ancienne Généralité de Rouen.

EPAIGNES.

1782. École de la Providence de Lisieux.

ETREVILLE.

1791. École de filles, possédant maison et masure. L'abbaye de Préaux (?) donne annuellement, de la fondation de M. Destrée, abbé, 80 livres.

FORTMOVILLE.

La maison dite de l'École, et dépendances, appartient à l'émigré Bailleul.

FOULBEC.

Aux Petites Écoles appartiennent une maison et 9 vergées de labour, vendues comme biens nationaux.

FOURMETOT,

1791. École de filles, avec maison et masure, par fondation. 10 livres de rente.

HAUVILLE.

1791. Maison et masure pour l'instruction des filles.

LA HAYE-AUBRÉE.

1791. — Il existe : une maison et une masure pour l'instruction des filles ; une maison et un jardin pour l'instruction des garçons. M. Crochon du Bocage, à cause de son épouse, doit, par fondation, une rente de 6 livres.

INFREVILLE.

1791. Éducation gratuite de Lecture et d'Écriture. Le sr Le Roux, du dit lieu, doit à un chapelain domicilié, tant pour cette Éducation que pour l'acquit de diverses messes, une rente de 250 livres.

LE LANDIN.

L'église supprimée est convertie en école.

LIEUREY.

1711. Fondation, par l'évêque de Lisieux, d'une École de la Providence.

1722, 29 mai. M⁰ Jean-Baptiste-Joseph Hemery, prêtre, curé de la paroisse, fait une fondation en faveur d'une École pour les filles pauvres ; il donne une maison et une rente.

1791. L'école des filles possède une maison, 1 jardin et 3 pièces de terre en labour, contenant ensemble 7 vergées, évalués à 55 l. de rente et appartenant à la Providence de Lisieux.

An VI. La maison dite l'École des filles est vendue pour 1.041 livres.

LA NOE-POULAIN.

1791. Une école gratuite pour les pauvres, ayant une maison et une vergée de labour, 2 vergées de prairie sur St-Etienne-l'Allier, et autres biens.

An VI, 25 mess'. Vente, avec le presbytère, des biens dits l'Ecole de la Noë.

ROUGEMONTIER.

1791. Maison et masure pour l'Éducation des filles.

ROUTOT.

1791. Il existe une Petite École à laquelle appartient, par fondation : une maison, une pièce de terre en nature d'herbage, une pièce de terre en labour, estimés 3.960 livres.

An II, 15 prairial. Vente des biens de l'École pour 21.300 l.

St-ÉTIENNE-L'ALLIER.

1791. École gratuite pour les pauvres. Maison et masure de 3 vergées. 125 liv. de rente ; le tout donné par le trésor.

St-GERVAIS (d'Asnières?).

La maison dite de l'Ecole est vendue comme bien national.   2686

Ste-OPPORTUNE-PRÈS-QUILLEBEUF.

1791. Petite École gratuite, pour 6 pauvres seulement, dont les frais peuvent être évalués par an à 30 livres. Cette école a lieu en conséquence d'une fondation faite pour cela, pour un clerc ou vicaire, au choix du sr curé, et pour sonner l'Angelus, sans distinction du traitement du maitre d'école.

St-Ouen-de-Thouberville.

1791. — Le vicaire est chargé des écoles gratuites, tant de cette paroisse que de celles de la Trinité et de Caumont. La rente, due par le feu sr Dranguet de St-Ouen, est affectée maintenant sur l'hôtel-de-ville du Havre.

Plus tard, le « vicariat » est vendu.

St-PHILBERT-SUR-RISLE.

1791. La prieure du dit lieu donne, pour l'instruction, annuellement 2 sacs ou sommes de bled évalués 60 l.

APPENDICE

ROUEN.

1790. Le Collège possède une ferme à Gisors.

LISIEUX.

1790. Le Séminaire possède une ferme à Nojeon-le-Sec.

LA FERTÉ-FRESNEL.

1790. Ecole de la Providence. Revenu : 135 livres.

VILLE DE BERNAY

Collège Asse.

1745, 18 septembre. Délibération des paroissiens de Ste-Croix, à propos de plusieurs plaintes portées contre le sr Picquenot, régent de réthorique et de seconde au collège de cette ville. 2e grief contre le dit sr Picquenot : « Depuis qu'il est régent il s'est licentié au point non seulement de confondre les appartemens de régent de troisième et de quatrième avec les siens, en bouchant les anciennes portes de communication et en en faisant faire de nouvelles, ce qui ne pouroit que causer du désordre à l'avenir, mais encore en faisant arracher une forte haye vive qui partageoit son jardin d'avec celuy de la fabrique. » — Les paroissiens autorisent le trésorier à poursuivre ledit sr Picquenot aux fins de le faire condamner...

Ecole de Charité.

Plusieurs années avant 1745, il existait en la paroisse de N.-D. de la Couture, une Ecole de charité tenue par un prêtre dont le nom est révélé dans la déliberation suivante relative à la fondation de cette Ecole :

« Lan mil sept cent quarante cinq le dimanche quatorze de mars, issue et sortie de la messe paroissiale de Notre Dame de la Couture, devant nous Louis Gilles Froudière notaire royal à Bernay, se sont assemblés les srs paroissiens et habitants de la ditte paroisse suivant lavertissement qui leur en a esté fait au prosne de la messe et convocation faitte actuellement au son de la cloche, auxquels sieurs paroissiens messire Dulande curé de lad. paroisse a remontré que deux personnes de dévotion connoissant combien il est intéressant pour la religion et le bien public que les jeunes gens ayent une bonne éducation et soient instruits tant sur les matières de la religion que ce qui concerne les sciences de sçavoir lire et écrire : que quantité de pauvres gens ne peuvent procurer à leurs enfans cette éducation par le deffault de moyen, luy ont remis aux mains la somme de douze cents livres sçavoir huit par nne et quatre par lautre, pour établir dans la paroisse de la Couture, dont les hameaux sont écartéz, une Ecolle gratuitte et de Charité où tous les jeunes gens pourront estre instruits ;

pourquoy il a proposé auxdits s^rs habitans
lintention de ces personnes pieuses pour
convenir avec eux à quelle personne on
confiera ladministration de cette Ecolle
et comment les deniers en seront rem-
placez. Sur quoy lesd. paroissiens et habitans délibérans, ont dit qui '· sont davis
daccepter et par ce présent acceptent le
présent charitable desd. deux personnes
de piété pour établir lad. Ecolle gratuitte,
pourquoy autorisent M^r le trésorier en
charge de faire la constitution à personne solvable sen raportant aud. s^r trésor^r
et de faire lad. cbnstitution dont lintérest
vertira à récompenser et payer les honoraires de la personne qui aura ladministration de lad. Ecolle, qui sera un prestre
servant à lad. paroisse qui sera receu et
chcisi collégiallement et conjointement
par M^r le curé et les quatre trésoriers en
charge à la pluralité des voix. Et dautant
actuellement Mr Lemercier pbre fait lad.
Ecolle gratuitte depuis plusieurs années
lesd. s^rs curé trésoriers et paroissiens ont
été davis de le continuer parce qui luy sera payé lintérest de lad. somme à commencer à courir du jour de la constitution, agréant lesd. s^rs paroissiens la constitution cy dessus par lesd. s^rs trésoriers
par contrat passé devant les notaires de
Thiberville le 28 décembre dernier..., et
comme par la déclaration du Roy de 1738
il nest dû aucun amortissement pour les
constitutions ou fondations faittes pour les

Ecolles gratuites et de Charité il nen sera payé aucun, sy touttes fois il arrivoit que par la suitte cette constitution devient sujette ce quil en poura couster sera pris sur le fond de lad. constitution, ce que lesd. sʳˢ trésoriers et paroissiens ont signé. • (26 *signatures*).

1756, 25 juillet. — Payé au sʳ Bardou, maître d'école, pour avoir tenu les petites Ecoles charitables pendant l'année expirant au 31 juillet 1756, 60 l.

1761. — Mᵉ Jouen, prêtre, tient les Ecoles de la paroisse.

LE VAL-DU-THEIL.

Le dimanche 10 juillet 1689, devant le vicaire, les paroissiens étant assemblés en état de commun, nomment pour procureur général et spécial la personne du trésorier principal en charge, à l'effet de recevoir et agréer la fondation faite par noble et discrète personne Mʳᵉ Charles le Noury, prêtre, curé du dit lieu.....

Le jeudi 14 juillet 1689, devant le notaire de Bernay (viconté d'Orbec) se présente noble et discrète personne Mʳᵉ Charles le Noury, prêtre, curé de la paroisse du Val-du-Theil, • lequel mû de dévotion et pour l'affection qu'il a pour ses paroissiens, désirant procurer l'instruction à la jeunesse de lad. paroisse, a donné à la fabrique, stipulée par noble et discrepte personne Mʳᵉ Nicollas le Noury pbre vicaire de lad. paroisse et Charles Burel un desd. paroissiens..., cent soixante livres de rente fontière par chacun an à prendre sur tous ses biens..., spéciallement sur la terre de la Huberdière scize en la paroisse de la Roussière, dont sera payé cent cinquante livres par an au s^r vicaire de lad. paroisse... à charge de dire et célébrer tous les jours de festes et dimanches une messe basse..... et de tenir les escolles pour enseigner gratuittement les enfans de lad. paroisse et sept à huict pauvres des autres voisines et particullièrement ceux de la paroisse du Bosrobert deux fois par jour depuis neuf heures du matin jusques à unze heures, et depuis une heure après midy jusques à trois, et de faire le cathéchisme deux fois la sepmaine sçavoir les mercredys et samedys après midy comme aussy de le faire à lesglize aux festes et dimanches selon lindication qui luy en sera faicte par M^r le curé... » Les 10 livres revenant à la fabrique serviront pour faire dire 2 grandes messes à l'intention dudit sieur fondateur et de ses amis vivants et trépassés...

« Laquelle fabrique sera tenue de donner cinq sols à la fin desd. deux grandes messes pour estre distribuez sur le champ aux pauvres de lad. paroisse par led. s^r vicaire qui sera obligé dayder à chanter lesd. messe et dassister à loffice de lad. paroisse ..., Et dautant que led. s^r donateur veut que ladite fondation soit à perpetuitté..... il déclare que son intention est que sy aucuns des sieurs curez qui luy succéderont ou lesd. paroissiens ne voulloient pas lentretenir en tout son contenu leffet en soit transféré au proffict du s^r vicaire du Boscrobert et à son déffault à celuy de la Roussière, à condition de dire lesd. messes...et de faire le cathéchisme en la paroisse doù sera led. s^r vicaire et de tenir les Escolles aud. lieu du Val du Teil en luy fournissant par lesd. paroissiens un lieu convenable à cet effect, sinon lon tiendra en lad. paroisse doù il sera vicaire, Et dautant que led. s^r donateur entretient et se submet dentretenir à ses frais pendant son vivant un vicaire en lad. paroisse lad. rente de cent soixante livres ne commencera quà courir que du jour de sond. decez..... »

La fin de ce contrat constate qu'en 1670, le dit curé avait fait don à la fabrique du Val-du-Teil des objets suivants : un calice et des burettes d'argent, une chasuble de damas verd, un ciboire et un soleil d'argent.

CARSIX.

1777. — Le dimanche 16 novembre, les paroissiens s'assemblent en état de commun, devant Leconte, notaire à Bernay, pour délibérer..... ; « Et sur ce qui a été représenté par Mr Pierre Quitton, prêtre vicaire de lad. paroisse, que l'instruction des enfants est une chose essentielle et que les pauvres ne pouvant se procurer les moyens d'apprendre à lire et à écrire, il s'obligeroit de faire les Ecoles gratuites pour les pauvres de lad. paroisse seulement tous les jours de la semaine, à l'exception des mois de juillet et aoust, depuis huit heures du matin jusqu'à midy si lesd. paroissiens vouloient lui payer chaque année la somme de trente livres pour lesdits pauvres seulement. Sur quoi délibérant lesdits seigneur de Carsix et paroissiens soussignés ont d'une voix unanime accepté la proposition dudit s^r Quitton, et en conséquence ils ont autho- risé les trésoriers comptables de chaque année de payer aud. s^r Quitton tant qu'il tiendra lesdittes Ecoles la somme de tren- te livres par année à commencer à courir du premier décembre prochain que led. s^r Quitton ouvrira son Ecole..., sous condi- tion que led. s^r vicaire se conformera dans la tenue de son Ecole à se qui se pratique dans les Ecoles de campagnes, et il aura la liberté d'admettre à son Ecole les en- fans des paroissiens réputés riches et de se faire payer par eux ainsi qu'il avisera. Et dans le cas où il y auroit quelque dif- ficulté pour sçavoir ceux qui seront admis aux dittes Ecoles comme pauvres, on s'en rapportera à la décision de M^r le curé et de Mr de Carsix ; quant au lieu à tenir les Ecoles, M^r le vicaire se charge de s'en arrenger avec la Confrairie de la Charité, et il est entendû que la présente conven- tion n'aura lieu qu'à l'égard dud. s^r Quit- lon sans pouvoir s'étendre aux vicaires qui lui succéderont sans une nouvelle convention. »

DURANVILLE.

1780. — Le 22 octobre, devant Boissy, notaire à Bernay, assemblée des paroissiens, pour les réparations à faire au clocher..... et à l'école.

LE BEC-HELLOUIN.

1791, 16 octobre. — Représentation est faite aux officiers municipaux du besoin où la paroisse se trouve d'un sujet qui remplisse tout à la fois la place de clerc et de maître d'école. Après avoir cueilli les voix, il a été arrêté unanimement que le nommé Samson Beauvalet, faisant les fonctions de clerc dans cette paroisse, ferait également celle de maître d'école, et que pour ses honoraires il sera payé annuellement de la somme de 75 livres par le trésor, avec celle de 75 livres sur la fabrique de la Charité, et qu'en outre il jouira de la maison du vicariat aussitôt qu'elle sera vacante, et en attendant il jouira du revenu d'icelle, parce qu'il s'oblige d'enseigner gratuitement trois enfants qui seront attachés à l'église, tant pour la lecture que pour le chant. — Le dimanche suivant, 23 octobre, ledit maître d'école prête publiquement serment en ces termes : « Mes concitoyens, je ju-
« re de remplir mes fonctions avec exac-
« titude, d'être fidèle à la Nation, à la
« Loy et au Roy, de maintenir de tout
« mon pouvoir la Constitution acceptée
« par le Roy, de n'enseigner rien qui soit
« contraire à ses principes. »

Quelques anciens Livres
SCOLAIRES

En juin et juillet 1887, nous avons fait hommage à la Bibliothèque nationale des objets suivants :

1° Fragment, comprenant 6 pages, d'une *Grammaire latine*, du XVe siècle.

Ces pages portent les folios 50, 55, 56; elles mesurent 74m×110 et sont imprimées avec deux types de petits caractères gothiques, fonte primitive. — Selon M. Ch. Fierville (1), ce fragment n'est pas d'Alexandre de Villedieu ; il est certainement d'un auteur du XVe siècle, postérieur à Laurent Valla. Peut-être est-ce de *Jerôme Cinbalatorinus* qui fit imprimer en 1507 à Leipsig une grammaire latine en vers dont il était l'auteur. — En 1503, il parut également à Strasbourg une grammaire latine, en vers, sans nom d'auteur, intitulée : *Compenium octo partium orationum.*

2° Fragment, comprenant 8 pages, d'une autre *Grammaire latine*, du XVe siècle (2).

---

(1) M. Ch. Fierville, docteur ès lettres et correspondant du Ministère de l'Instruction publique, est l'auteur de plusieurs ouvrages remarquables, notamment d'une magistrale étude sur *Une Grammaire latine inédite du XIIIe siècle.*

(2) Le catalogue de janvier 1888 de la librairie Muller, d'Amsterdam, contient les mentions suivantes :

882. **Alexandre Gallus**, vulgo de Villa Dei, Doctrinale seu Grammatica latina; metrice. 70 pages. vélin. fol.   f 20.—

(Beau manuscrit du XVe siècle ; initiales en couleurs. A la fin se trouve la date de 1474.....)

Ces 8 pages, du même format que les précédentes, portent les folios 25, 27, 28, 29. et sont également imprimées avec 2 sortes de caractègothiques d'une belle fonte ; une grande initiale est faite à la main. Le filigrane du papier représente un vase rustique, à une anse, d'où émerge une rose (?) sans feuilles. — M. Fierville ignore quel est l'auteur de cette grammaire. Est-ce Pontanus ? — nous écrit le docte professeur. En tout cas, ajoute-t-il, ce n'est pas une édition du *Doctrinal* d'Alexandre de Villedieu.

3° *Le Quadrillé des Enfans ou Système nouveau de Lecture, avec des Figures en taille-douce. Dixième édition. A Genève. M.DCC.XCVIII. (In-8° de 152 p., br). (1)*

Dans ce rare ouvrage il est dit que l'auteur et inventeur est un sʳ Berthaud, maître de pension. qui le fit imprimer pour la première fois en 1743 ; qu'il s'en fit 3 éditions en moins de 3 ans et que le dit Berthaud mourut avant 1788.

E. VEUCLIN.

906 **Gaza, Theod.,** Introductiones grammaticae libri IV, Graece, cum interpretatione latina. recogniti atque aucti Basileae, *Val. Curio.* 1529. veau. 4°   f 2.50
(Du même auteur, les nᵒˢ 907 et 908 dudit catalogue).
(Le même catalogue annonce aussi beaucoup d'autres livres d'instruction, en latin, des XVᵉ et XVIᵉ siècles).

(1) Signalons aussi cet autre ouvrage similaire: *Syllabaire des pauvres pour apprendre à lire aux enfans sans qu'ils y pensent, par De Bouis;* 1774, in-8°.